Mier

Formica

Formica

Appel

Mela

Mela

Astronaut

Astronauta

Astronauta

Banaan

Banana

Banana

Mier

Fo__ica

Appel

Me__

Astronaut

Astr_na_ta

Banaan

B_nana

Beer

Orso

Orso

Boek

Libro

Libro

Auto

Automobile

Automobile

Kat

Gatto

Gatto

Beer	
	_rs_

Boek	
	L_br_

Auto	
	Automo_il_

Kat	
	__tto

Maïs

Granturco

Granturco

Hond

Cane

Cane _____

_____

_____

Donut

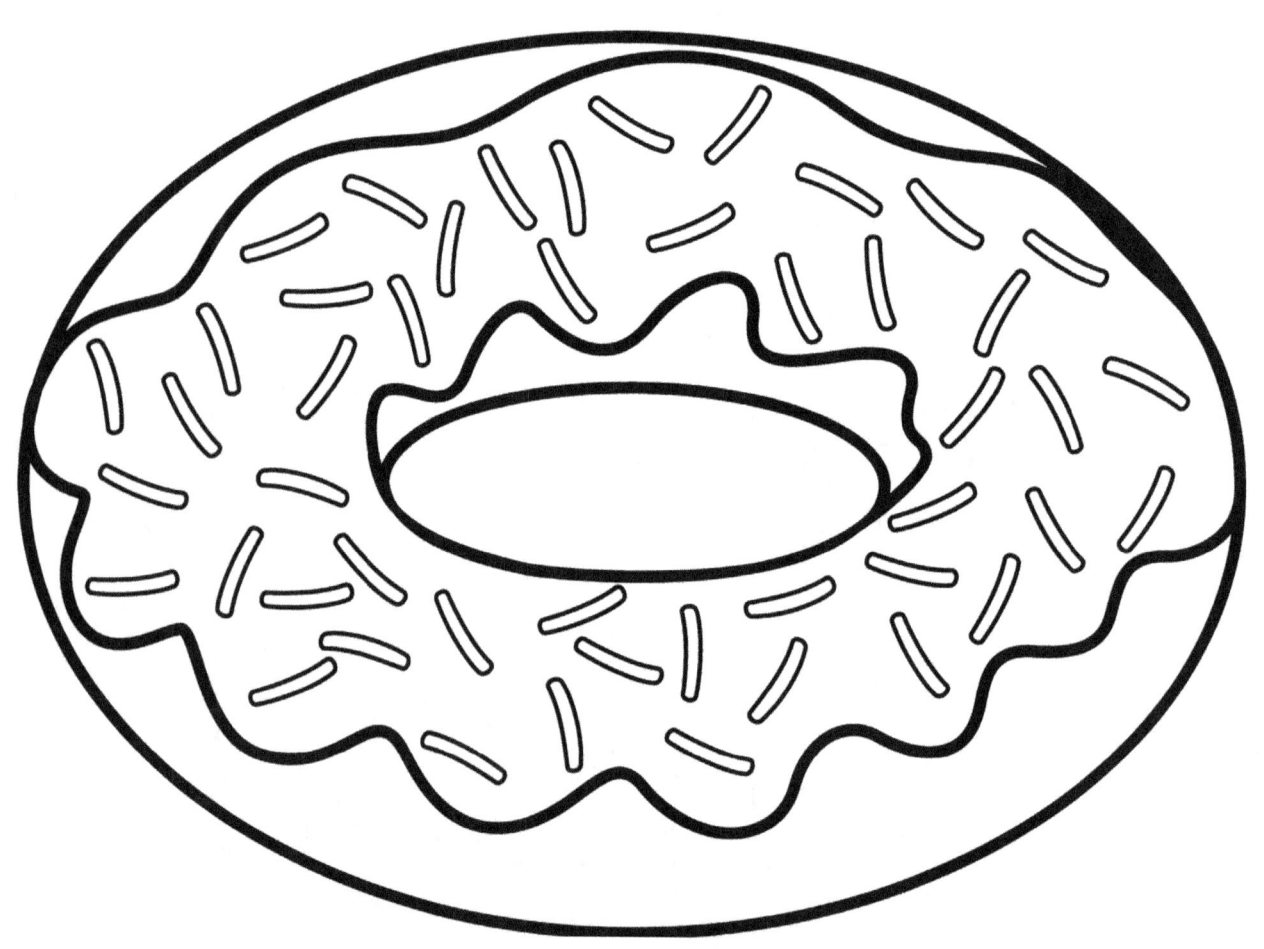

Ciambella

Ciambella

Trommel

Tamburo

Tamburo

Maïs

Grantu__o

Hond

Can_

Donut

Ciamb_lla

Trommel

Tamb__o

Slak

Chiocciola

Chiocciola

Zebra

Zebra

Zebra

Olifant

Elefante

Elefante

Vis

Pesce

Pesce
_____
_____
_____

Slak

_hioc_iola

Zebra

_eb_a

Olifant

_l_fante

Vis

P___ce

Bloem

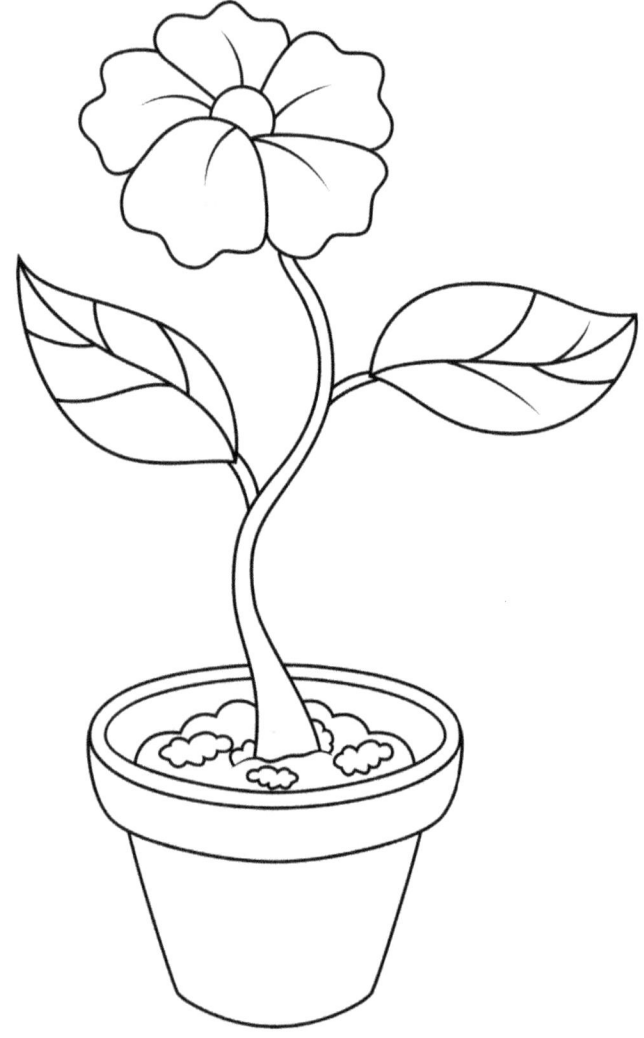

Fiore

Fiore

Vos

Volpe

Volpe

Giraf

Giraffa

Giraffa

Bril

Occhiali

Occhiali
_____
_____
_____

Bloem
Fio__

Vos
Vol_e

Giraf
Gi__ffa

Bril
O_chi_li

Druif

Uva

Uva

Hamburger

Hamburger

Hamburger
_____
_____
_____

Nijlpaard

Ippopotamo

Ippopotamo

Huis

Casa

Casa

Druif

U _ _

Hamburger

Hambu_g_r

Nijlpaard

Ipp_ _otamo

Huis

C_ _a

Ijs

Gelato

Gelato

Leguaan

Iguana

Iguana
_____
_____
_____

Eend

Anatra

Anatra

Jaguar

Giaguaro

Giaguaro

Ijs

_el_to

Leguaan

I_u_na

Eend

A_a_ra

Jaguar

G__guaro

Jam

Marmellata

Marmellata

Kwal

Medusa

Medusa

Zeppelin

Zeppelin

Zeppelin

Kiwi

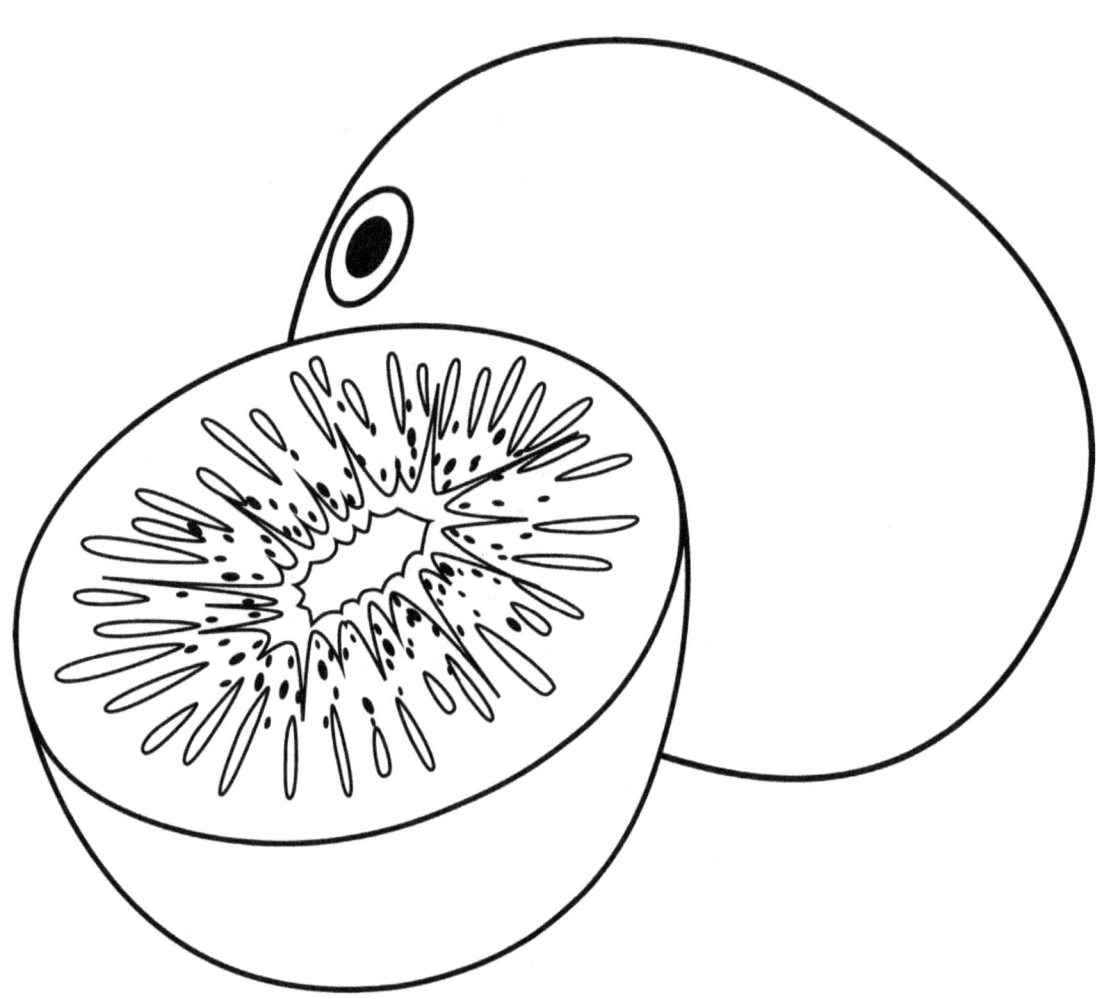

Kiwi

Kiwi
_____

_____

_____

Jam

Mar_el_ata

Kwal

Me_us_

Zeppelin

Zeppe__n

Kiwi

K__i

Aardbei

Fragola

Fragola

Bladeren

Foglie

Foglie

Lamp

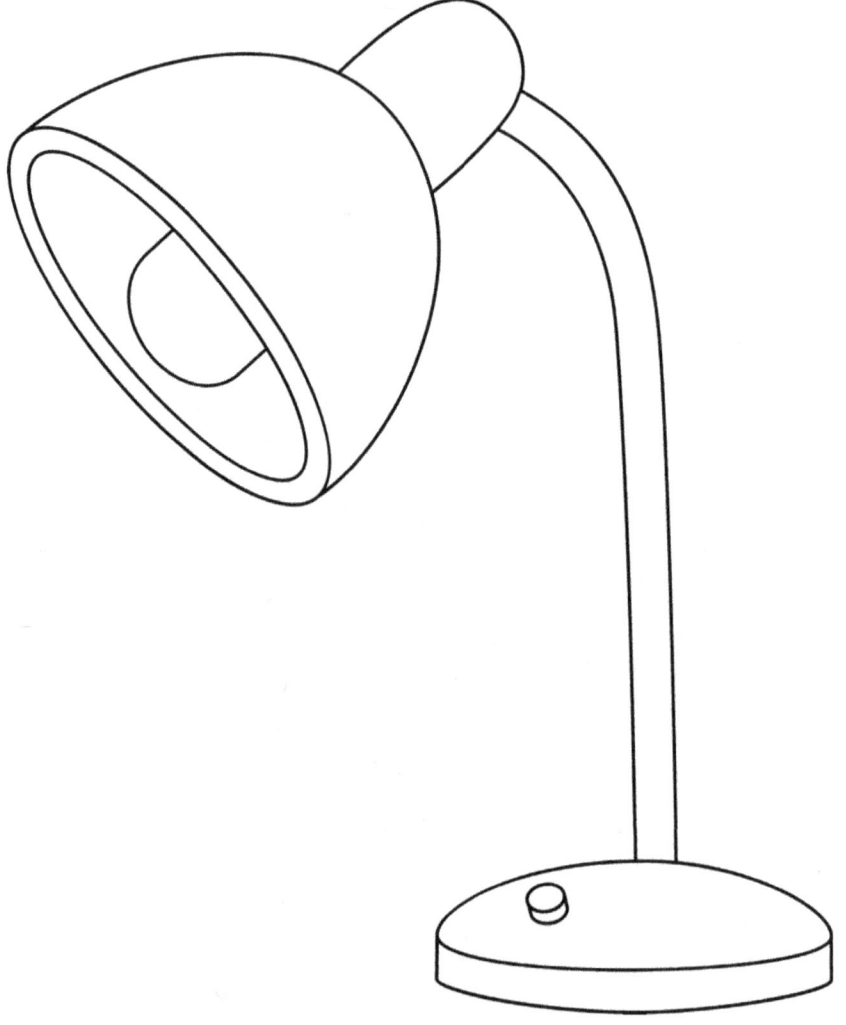

Luci

Luci

Leeuw

Leone

Leone
_____

_____

_____

Aardbei

F_ag_la

Bladeren

F__lie

Lamp

L_c_

Leeuw

_eone

Aap

Scimmia

Scimmia

Muis

Topo

Topo
_____

_____

_____

Vliegenzwam

Amanita muscaria

Amanita muscaria

Spijker

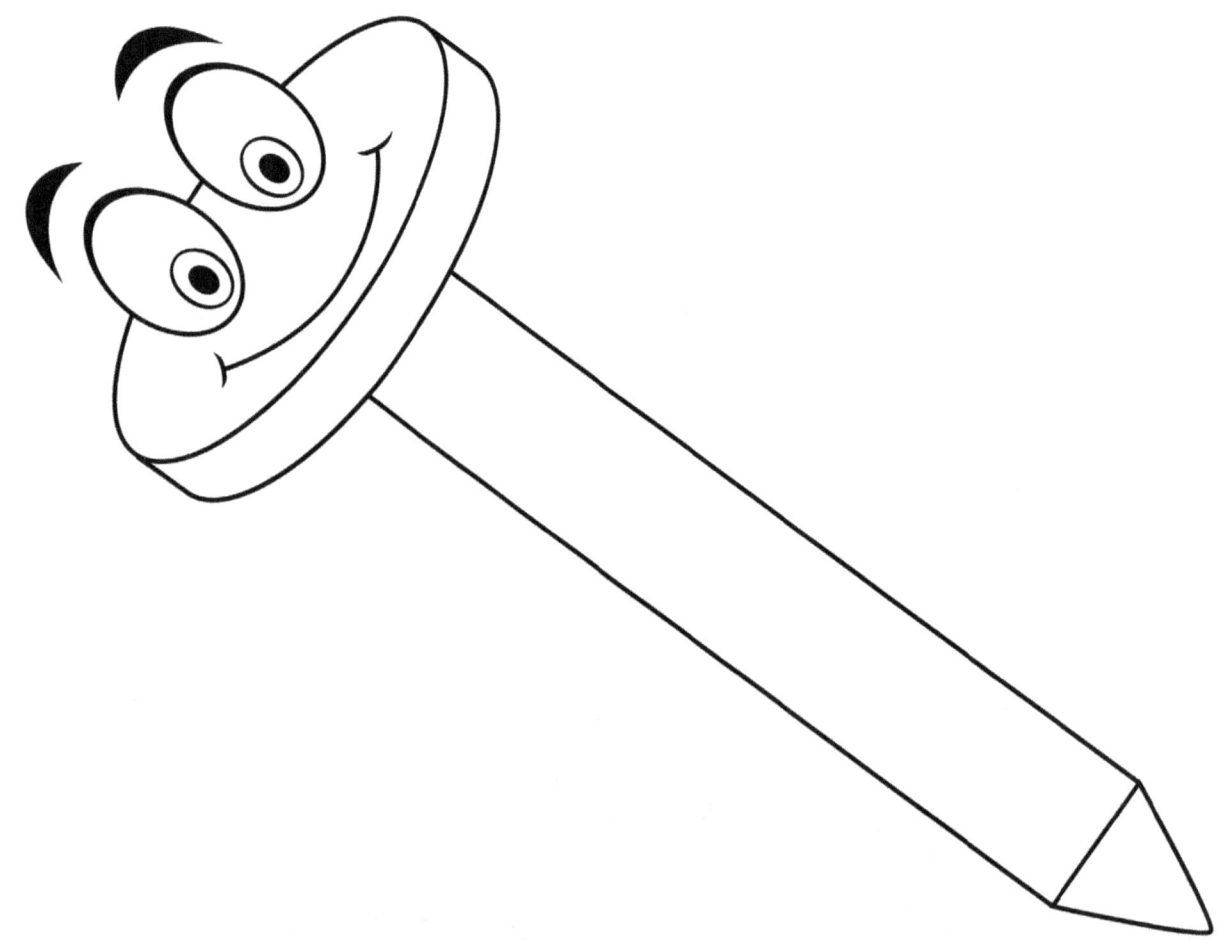

Chiodo

Chiodo

Aap

S_imm_a

Muis

Top_

Vliegenzwam

Amanita _uscar_a

Spijker

Chio_o

Paard

Cavallo

Cavallo

Noot

Noce

Noce
_____
_____
_____

Octopus

Polpo

Polpo

Oranje

Arancio

Arancio

Paard

C_va_lo

Noot

N_c_

Octopus

Pol__

Oranje

Ara_c_o

Uil

Civetta

Civetta

Pen

Penna

Penna
_____

_____

_____

Taart

Torta

Torta

Varken

Maiale

Maiale

Uil

_ive_ta

Pen

Pen_a

Taart

T_rt_

Varken

Mai__e

Vogel

Uccello

Uccello

Koningin

Regina

Regina

Pluim

Penna

Penna

Haas

Coniglio

Coniglio

Vogel	**Ucc_l_o**
Koningin	**_egin_**
Pluim	**Pen__**
Haas	**_onig_io**

Neushoorn

Rinoceronte

Rinoceronte

Robot

Robot

Robot

Tijger

Tigre

Tigre

Boom

Albero

Albero

Neushoorn

_i_oceronte

Robot

R__ot

Tijger

Tig_e

Boom

Albe__

Paraplu

Ombrello

Ombrello

Zee-egel

Riccio

Riccio

Zon

Sole

Sole

Groente

Verdura

Verdura
___
___

Paraplu	
	Ombre_lo

Zee-egel	
	Ric__o

Zon	
	S_l_

Groente	
	V_rd_ra

Vulkaan

Vulcano

Vulcano

Gier

Avvoltoio

Avvoltoio

Watermeloen

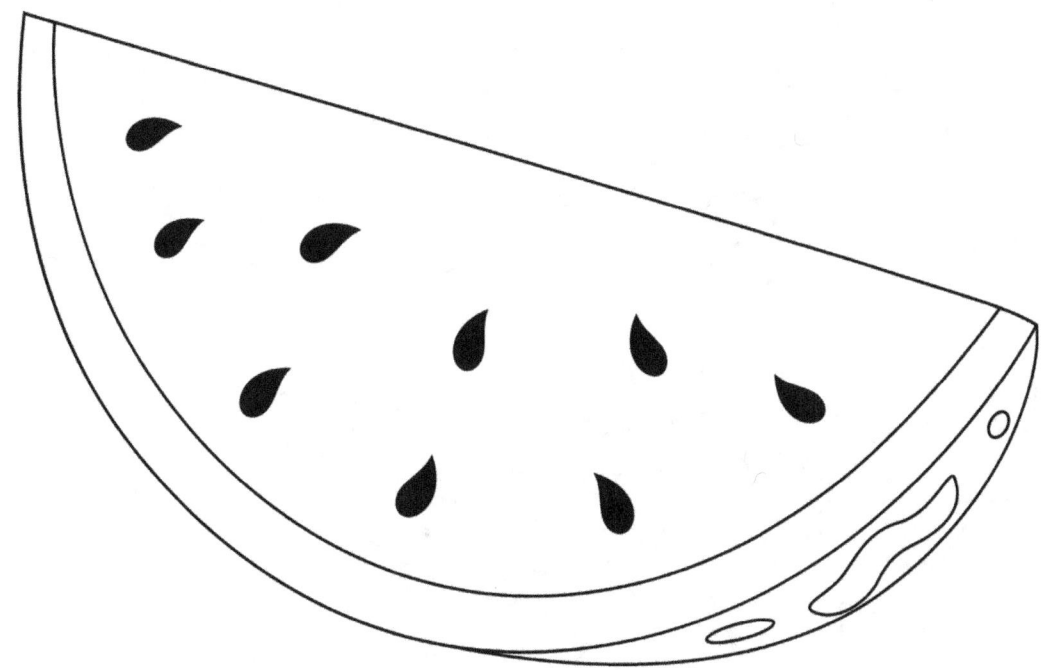

Anguria

Anguria

Walvis

Balena

Balena

Vulkaan

_u_cano

Gier

_v_oltoio

Watermeloen

Angur_a

Walvis

B_le_a

Raam

Finestra

Finestra

Xylofoon

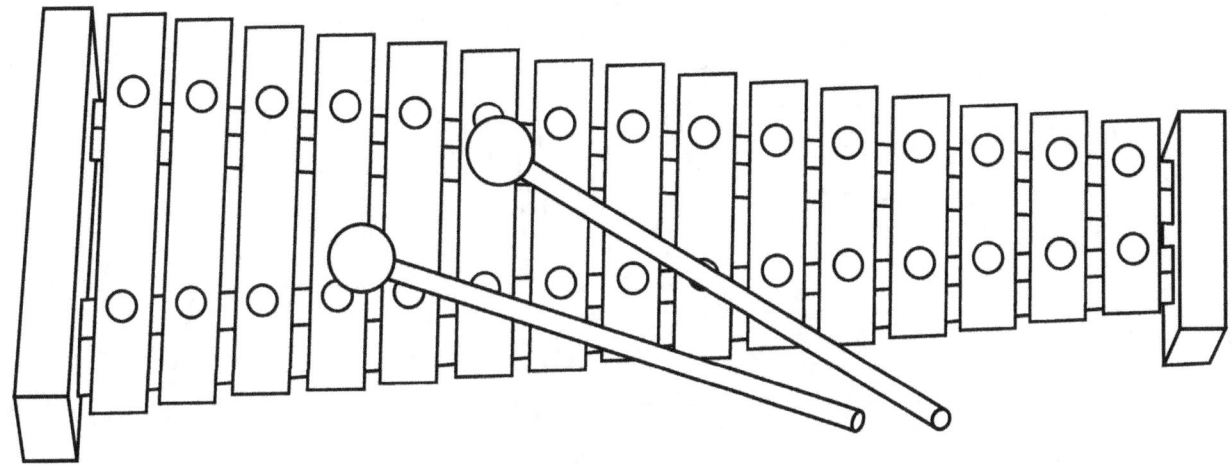

Xilofono

Xilofono

Zeilschip

Veliero

Veliero

Sneeuwman

Pupazzo di neve

Pupazzo di neve

Raam	_ine_tra
Xylofoon	Xil_f_no
Zeilschip	Velie__
Sneeuwman	Pupa_zo di _eve

Yoghurt

Yogurt

Yogurt

Kip

Pollo

Pollo
_____
_____
_____

Sleutel

Chiave

Chiave
_____

_____

Koala

Koala

Koala

Yoghurt

Yog__t

Kip

P_ll_

Sleutel

Chi_v_

Koala

Ko__a

Mier	-
Appel	-
Astronaut	-
Banaan	-
Beer	-
Boek	-
Auto	-
Kat	-
Maïs	-
Hond	-
Donut	-
Trommel	-
Slak	-
Zebra	-
Olifant	-
Vis	-

Bloem	-
Vos	-
Giraf	-
Bril	-
Druif	-
Hamburger	-
Nijlpaard	-
Huis	-
Ijs	-
Leguaan	-
Eend	-
Jaguar	-
Jam	-
Kwal	-
Zeppelin	-
Kiwi	-
Aardbei	-

Bladeren	-
Lamp	-
Leeuw	-
Aap	-
Muis	-
Vliegenzwam	-
Spijker	-
Paard	-
Noot	-
Octopus	-
Oranje	-
Uil	-
Pen	-
Taart	-
Varken	-
Vogel	-
Koningin	-

Pluim	-
Haas	-
Neushoorn	-
Robot	-
Tijger	-
Boom	-
Paraplu	-
Zee-egel	-
Zon	-
Groente	-
Vulkaan	-
Gier	-
Watermeloen	-
Walvis	-
Raam	-
Xylofoon	-
Zeilschip	-

Sneeuwman	-
Yoghurt	-
Kip	-
Sleutel	-
Koala	-

© nerdMedia 2018

This work, including all its parts, is protected by copyright. Any use is not permitted without the author's consent. This applies in particular to copying, translation, storage and processing in electronic systems. Contact: Dirk Kolodziej/Peppermühl 9/48249 Dülmen/Germany info4us@nerdmedia.eu Cover design: nerdMedia Cover photo: depositphotos.com - Print Output Black & White: Amazon Media EU S.Ã .r.l./5 Rue Plaetis/L-2338 Luxembourg

www.ingramcontent.com/pod-product-compliance
Lightning Source LLC
Chambersburg PA
CBHW062331220526

45469CB00008B/2669